세월의 풍경 속에
고요한 벤치 하나 놓았습니다

세월의 풍경 속에
고요한 벤치 하나 놓았습니다

홍대원 지음

바른북스

독자들에게 드리는 글

안녕하세요.
이 작은 시집을 통해 당신과 마음을 나눌 수 있어 참 기쁩니다.

저의 시는 고요한 숲처럼, 혹은 거센 바람처럼
삶의 구석구석에서 피어난 조용한 울림들입니다.
희미한 그리움 속에서도 삶은 우리를 일으키고,
사랑은 다시금 우리를 붙잡아 줍니다.

「안개비 속에서」는 내면의 슬픔을 비추는 빗방울이고,
「삼겹살」은 일상 속 소박한 위로입니다.
「숲은 말합니다」에서는 자연이 들려주는 인생의 가르침을 담았습니다.

살다 보면 누구나 「수족관에 갇힌 바다」처럼 현실에 막히기도 하고,
「젊은 날의 꿈」을 좇다 길을 잃기도 합니다.

하지만 결국 「다시 피는 나」처럼 우리는 다시 일어섭니다.
그 모든 순간이 결국 삶의 일부였음을, 이제는 압니다.

이 시집은 그런 순간들을 꺼내어
'빛'으로, '말'로, '위로'로 피워낸 작은 정원입니다.

당신의 하루가 지칠 때,
이 시집이 조용한 벤치가 되어 주기를 바랍니다.
그리고 당신 안에 숨 쉬고 있던 「사랑의 언어」를
다시금 발견하는 시간이 되기를 소망합니다.

작은 등불 하나 켜는 마음으로
이 시들을 당신께 조심스레 건넵니다.

당신의 삶이 언제나 따뜻하고 평안하기를,
무엇보다 당신이 당신 자신에게 따뜻하기를 바랍니다.

고맙습니다.

홍대원 드림

목차

독자들에게 드리는 글

1장. 삶의 그림자에 스며든 빛

삶의 어둠을 지나 빛을 향해 나아가는 여정의 시작

안개비 속에서	12
수족관에 갇힌 바다	14
잠시 머무는 자리	16
하늘에 마음 걸다	18
그대가 스친 자리	20
비의 자화상	22
빛으로 우는 등대	25
청춘의 초상	28
그대의 이름, 가을에 번지다	30
울음으로 피는 사랑	32
잊지 않기 위해 걷는 길	34
밤하늘에 쓰는 편지	36
머무는 곳마다 피어나는 꽃	38
시월, 늘 그 자리에	40

2장. 숲이 들려준 말들

자연 속에서 찾은 위로와 삶의 가르침

숲은 말합니다	46
별빛 아래 매미의 노래	49
화엄의 속살	50
들꽃은 알고 있다	52
여정의 끝, 나를 만나다	53
바람의 말	56
기다림의 풍경	58
스며드는 인연	60
시선의 무게	62
빗물의 여정	64
숲이 되는 시간	66
너의 향기	68

3장. 사랑, 그리움으로 피다

사랑의 흔적과 이별의 슬픔, 그리고 기억의 따스함

그리움, 고요히 스미다	72
하나가 둘이 되는 그리움	74
기억의 모양	76
겨울 편지	78
하얀 기다림	80
그리움이 머무는 별빛	82
그대 머문 자리	84
이름 없는 꽃님에게	86
가을 풍경	87
그대에게 가는 봄	88
철쭉꽃 언덕에서 피어나는 그리움	90
어울림의 이유	91

4장. 하루를 닮은 기쁨들

일상의 소소한 행복과 따뜻한 공감의 순간들

삼겹살	94
그대 덕분에, 지금	96
가을, 인생을 읽다	97
고요한 순환	98
여름 오후, 창가에서	100
고향을 노래하다	102
오월의 그대	105
산이 들려준 조화의 노래	106
마음이 길이 될 때	108
아버지의 텃밭	110
회색빛 여름의 기도	112

5장. 다시 피어나는 마음

시련을 견디고 희망으로 나아가는 회복의 시편들

심연에서 피는 불꽃	116
잊었던 그대에게	118
고요한 응시	120
고요의 탑을 쌓으며	122
별빛 병동의 기도	124
고통에게 배운 사랑	126
홀로 있어도 괜찮아	128
물처럼	130
마음의 벽을 넘어	132
눈물의 언덕을 지나	134
침묵의 봄	136
다시 피어나는 마음	137
너머에서 오는 위로	138

6장. 고흥, 그 풍경이 마음이 되어

산과 바다, 사람과 시간이 어우러진 고흥의 서정

여름, 팔영산에 안기다	142
금강죽봉	144
홍연, 가을에 붉게 피다	146
유자 향 머무는 겨울 창가	148
쑥섬, 그리움이 피는 섬	150
능가사에서	152
고흥 분청사기, 고요를 빚다	154
천사의 섬	156
마복산 봉수대에서	158
나로도, 그 그리움의 닻을 올리다	160
다시, 나로도로 돌아갑니다	161
우주를 품은 섬, 나로도	162
적대봉에서 만난 시간	165
봉래산, 숲의 향기와 우주의 숨결	168

이 장은 고통, 그리움, 허무 등 삶의 그림자 속에 숨겨진 내면의 빛을 포착합니다.
수족관에 갇힌 고기처럼 갇힌 현실을 넘어,「머무는 자리」,「빛으로 우는 등대」 등에서 삶의 본질적 의미와 방향성을 모색합니다.
이는 시집 전체의 출발점으로서, '빛을 향한 여정'을 암시합니다.

― 1장. ―

삶의 그림자에 스며든 빛

삶의 어둠을 지나 빛을 향해 나아가는 여정의 시작

안개비 속에서

구름 아래 숨죽인 하늘,
보이지 않는 눈물로
은밀히 세상을 적신다

안개비는 말없이 내려
빛과 그림자 사이를 누비며
밤의 피부를 어루만진다

번쩍이는 불빛은
깨진 거울 조각처럼
젖은 어둠을 흩뿌리고,

조용히 흩날리는
시간의 잔해들 위로
안개의 숨결이 스며든다

손끝에 닿으면 사라지는

무형의 실루엣들,
서로의 얼굴을 잃은 채
방황하는 영혼처럼 떠돌고,

깜빡이는 신호등은
희미한 등대처럼
텅 빈 도시의 심장을 지킨다

메아리치는 빗소리만이
끝없이 고요를 적시고,

긴 장마가 남긴 어둠 뒤,
부서진 구름 틈 사이로
한 줄기 빛이
안개비처럼 아지랑이로 스며든다

수족관에 갇힌 바다

횟집 수족관엔
유통기한 없는 고기들이 산다
오늘도 죽을힘 다해 헤엄치지만
살아 있는 고기는 결국 죽는다

손님의 선택에 따라
먼저 죽고 나중에 죽을 뿐,
비싼 돔이라 특별 대우 없고
값싼 망둑어도 다르지 않다

그들이
파도와 햇살 속에서 헤엄쳤는지는
알 수 없다
하지만, 이 작은 물의 감옥에
그들이 있는 이유는
인간의 식탐이다

수족관의 고기들은
산소호흡기를 단 채 연명하고,
양식은 세종대왕에
자연산은 신사임당에게 팔린다

욕망이 출렁이는 이 수족관 앞에서
나는 문득 생각한다
죽음을 먹고 살아가는 나 또한,
하나의 거대한 수족관은 아닐까

잠시 머무는 자리

공원 벤치,
낙엽이 들렀다 간 자리
바람 불면 조용히 비워주고,
눈이 내려도
햇살에 스며드는 자리

누군가 앉으면
잠시 그 사람의 것이 되었다가
일어서면 다시
고요한 빈 공간

혼자 앉아 커피를 마시면
고독이 깃들고,
사랑하는 이와 나란히 앉으면
온기가 흐른다

그러나

모든 풍경은 시간이 지나면
다시 적막으로 돌아간다

젊음도, 늙음도
이곳을 지나고,
삶 또한
스쳐 가는 여정일 뿐

나는 지금
햇살과 바람을 등에 지고
잠시 웃고,
잠시 울다
아무 말 없이
한 잎의 낙엽처럼
조용히, 그 자리를 비우려 한다

하늘에 마음 걸다

시간은 세월의 목젖을 넘으며
우리의 숨결도 바람처럼 흩날린다

나는 하늘을 우러러
갈라진 땅에 비의 기도를 올리고
눈부신 날엔
구름이 빛의 칼끝을 감싸주길
가만히, 두 손 모은다

발끝마다 새겨진
고요한 주름과 삶의 이랑
깊게 팬 발자국마다
우리는 자신을 남긴다

목에 건
작은 명찰 하나조차
때론 벗기 힘든 사슬처럼 느껴지지만

그 안엔 이름보다 큰
저마다의 사연이 숨 쉰다

그러니
지구가 돌며
달을 밤하늘에,
태양을 낮 하늘에
걸어두듯이

우리의 마음도
저문 하루 끝자락에
작은 별 하나 되어
조용히, 하늘에 걸어두자

그대가 스친 자리

그대는
꽃잎이 아니었습니다
바람결에 흩날리던
한 줄기 빛이었지요

그대 숨결 머물던 자리엔
부서지는 별빛 같은 눈빛이 스며 있었고,
그 잔상들은
내 마음에 남은 은은한 잔향이었습니다
그땐,
그 모든 것이 사랑이었다는 걸
알지 못했습니다

말없이 건네던 한마디,
차가운 바람에 묻혀
사랑의 잎새를 시들게 했고
그대가 떠난 뒤에야

그게 '그리움'이란 이름임을 깨달았습니다

얼어붙은 내 마음은
겨울 끝자락의 얼음처럼
햇살에도 쉽게 녹지 않고,
그대가 남긴 그리움은
녹슨 칼날 되어
내 안 가장 깊은 곳을 조용히 긁어냅니다

이제 와 흐르는 눈물은
그대 마음에 닿지 못하고,
오직,
내 안에 스며든 그리움만이
서늘하고도 깊게
내 영혼을 파고듭니다

비의 자화상

먹구름은
말을 잃은 거인의 어깨처럼
하늘 위에 무겁게 걸려 있었고,
비는 가늘고 날 선 칼날처럼
세상을 조용히 베어냈다

숨 막히는 정적 속,
유리창을 두드리던 빗방울은
잊힌 기억의 손끝 같았고,
불안과 고독은
스며드는 그림자처럼 서서히 깊어졌다

한때 모든 것을 밝혔던 태양,
불붙던 저녁놀, 속삭이던 별빛조차
검은 우산 아래 웅크린 마음속에서
희미한 옛이야기로 사라졌다

활기로 넘치던 거리는
멈춰 선 시계처럼 정지했고,
사람들은 고립된 섬처럼
각자의 우산 아래에서
말 없는 항해를 이어갔다

비가 그치고
햇살이 유리처럼 번지자,
세상은 금세 젖은 흔적을 지우며
새 숨결로 미소 지었다
하지만 그 맑음은
창밖 풍경처럼
내겐 너무도 멀었다

그제야 나는
흠뻑 젖은 풍경 속에 선
고립된 나를 발견했다
그 시간, 나는
무엇을 흘려보냈으며
무엇에 등을 돌렸던가

문득 떠오른 질문들이
내 안에 잔물결을 일으켰고,
그날의 빗속 기억은
스쳐 간 배경이 아니라
나를 비추는
하나의 자화상이 되었다

빛으로 우는 등대

어부의 뱃노래 스며든
황금빛 모래밭,
갈매기 춤추던 푸른 섬에서
나는 눈을 떴다

따스한 파도에 안겨
소금기 어린 바람을 깊이 들이마시던 날들,
바다는 나의 첫 요람,
하늘은 나의 첫 꿈이었다

그러나 사람들은 떠났고,
섬은 고요 속에 잠겼다
홀로 남은 두려움에
나 또한 등을 돌렸다
찢기는 가슴,
울음을 삼킨 이별이었다

횟집 수족관 속 물고기처럼
산소호흡기에 의지한 아가미,
떨리는 지느러미가 힘겹게 흔들린다
탁한 물속에서
숨을 내뱉는 하루하루

칼날이 아가미를 갈라 찢는 순간,
마지막 숨결처럼 몸부림치며,
내 영혼은
태어난 곳을 향해
끝내 몸부림친다

저 멀리,
등대는 오늘도 바닷길을 지키며
한 줄기 빛으로 밤을 감싼다
돌아올 나를 기다리듯
희망처럼 깜빡인다

그 빛을 따라
조용히 돌아가리라
바다와 하늘이

나를 안았던

그 품으로

청춘의 초상

내 젊은 날,
시간은 끝없이 흐르되
저물 줄 모르는 푸른 별처럼 빛났지

발밑의
돌멩이는 무심히 차버리고
모래알을 흩뿌리며
들녘의 이슬마저 스치듯 밟았네

닿을 수 없는 산 너머를 동경하고
파도 너머 심연을 응시하며
겨울 끝자락에 핀 봄도 잊은 채,
들녘의 들꽃보다
한순간 타오르는 불꽃에 눈이 멀었지

영원할 줄만 알았던 그날들,
타오르다 사라지는 붉은 유성처럼

덧없는 꿈을 좇느라
곁의 숨결조차 놓쳐버린 채
흔들리는 바람 끝을 붙잡고
길 잃은 그림자 뒤를 따라 걸었네

지나고 보니, 그 시간은
빛바랜 흑백사진 한 장처럼
후회의 자락도
희미한 미소로 되살아나고,

이제야 안다,
청춘은 타오름이 아니라
곁을 지키는 따뜻한 손,
속도를 늦추어
같이 걷는 마음이었다는 것을

그대의 이름, 가을에 번지다

낙엽 지던 어느 해
바람이 먼저
그대를 데려갔지요

썼다 지운 그 이름
눈물에 젖어 번지고
마음 깊은 곳에
고요히 스며들었죠

첫눈처럼 내려앉은 그리움은
들꽃처럼 메마른 가슴에 피었다 흩어지고

피고 진 들국화가
이토록 아릴 줄 알았더라면
그때, 눈물조차
아끼지 않았을 텐데요

다시 가을이 오면

노을빛 물든 저녁 무렵

그대 이름,

또 한 번

내 가슴에 번지겠지요

울음으로 피는 사랑

숲 가장자리
가냘픈 새 한 마리
젖은 날갯짓에 담긴 울음은
나지막이 잎맥 사이로 스며든다

울음을 거치지 않고는
피어날 수 없는 사랑이 있다
그 뿌리는
깊고 고요한 어둠 속에서
끝없이 스스로를 비워내며
한 줄기 빛을 기다린다

나는
그 깊이를 다 헤아리지 못한 채
오래도록
바람결에 스친 나뭇잎처럼
겉만 스쳐왔다

이제야
떨리는 깃털 밑에서
슬픔을 감춘 미묘한 온기를 느끼며
고개를 숙인다

사랑을
끝까지 품기 위해
나도 울고 싶다
그 새처럼
내 안 깊숙이
모든 것을 비워내며

잊지 않기 위해 걷는 길

내 모든 발걸음은
희미한 숨결 되어
시간의 강물 속에
무늬처럼 스며든다

영원할 것 같던
그날의 설렘조차
떨어진 별빛 되어
저녁노을에 묻힌다

붙잡고 싶은 나와
놓아주어야 할 나를
조용히 끌어안으며 걷는다

쓰러져도 다시 일어서는 풀처럼
지고도 향을 남기는 꽃처럼
침묵 속 자기 자리를 지키는 나무처럼

나는 나를 믿으며

기억이라는 이름의 이 길을

조용히, 끝까지 걸어가리라

밤하늘에 쓰는 편지

해가 뜨면
어김없이
숨듯 사라질지라도

밤하늘 가득
별은 여전히
빛나고 있습니다

그리움 깊어지는 밤
별을 세며
당신께 편지를 씁니다

별 하나엔
가슴 저미는 그리움 담고
별 둘엔
미처 전하지 못한 속삭임 적어

별빛 번지는 어둠 속

조심스레 적어 내려간

그리움의 문장들

혹여

이 마음,

새벽안개처럼 사라질까 두려워

밤하늘 끝자락에

살며시 걸어둡니다

해가 뜨면

별빛은 사라지겠지만

눈을 감으면

세상은 여전히

별의 바다

별 헤는 밤이면

당신을 비추는

가장 밝은 별이 되겠습니다

머무는 곳마다 피어나는 꽃

꽃은
꽃밭에서만 피는 줄 알았습니다

하지만 봄날,
들녘에도, 산기슭에도,
그대의 따뜻한 눈빛 속에도
햇살처럼 고요히 피어나더군요

내 마음 깊은 곳에도
첫사랑의 떨림처럼 스며들었습니다

어둠의 바닥에서도
굳건한 의지로 봉오리를 틔우고,
젖은 눈가에는
맑은 희망으로 번져나갔지요

우리가 함께 걸은

소박한 길 위마다
사랑과 위로의 꽃들이
조용히 피어나
그곳에 은은한 향기를 남겼습니다

그제야 알았습니다
꽃은 머무는 자리마다
조용히 번져
세상을 꽃밭으로 바꾸고,
사람의 마음에도
은은한 향기를 남긴다는 것을

시월, 늘 그 자리에

쓸쓸한 십일월의 벤치

낙엽이 잠시 앉았다가 흩날린다

공원 가로등 불빛은

차가운 거리 끝에 스민다

인적 드문 길목

벤치 위 낙엽들

스산한 바람에 뒹굴다

어둠 속으로 사라진다

찬란하던 시월도

십일월 밤이 오자

깊은 어둠에 잠겨

말없이 물러났지만

가로등 사이

희미한 안개처럼

기억의 조각들이 속삭인다

지나간 시간은
되돌릴 수 없기에
추억만이 아득히 남는다

그러나 시월은
멀어진 적 없었다
내가 시간을 따라
조용히 걸어간 것뿐

시월은, 늘
그 자리에 있었다

강물 흐르듯
구름 흘러가듯
시월도
내가 있었기에 지나간 것

그 찬란하던 시월이
이제 낙엽 되어 지는 이별이라 해도

담쟁이넝쿨처럼

끝내 당신을

붙잡고 싶었던

그 시간은

여전히, 아름답다

자연과의 교감을 통해 내면의 상처를 치유하고 자아를 마주하는 시간.
숲, 바람, 들꽃, 빗물 등의 자연은 삶의 스승이자 거울이 되어, 독자에게 위로와 회복의 메시지를 전합니다.
1장의 고통과 현실적 통찰이 이어져, 여기서는 자연이라는 치유 공간 속에서 자신과 대면하고 평화를 찾아가는 단계로 이어집니다.

2장.

숲이 들려준 말들

자연 속에서 찾은 위로와 삶의 가르침

숲은 말합니다

슬픈 암세포가 내 몸에 깃든 날,
나는 불안조차 마주할 수 없었네
만년설 덮인 안나푸르나처럼 얼어붙어,
시간도 세상도 멈춘듯했지

그때 숲이 속삭였습니다
나무의 종류를 가리지 말고,
네가 서 있는 자리의 의미를 보라고
새들의 노래를 듣고,
바람의 흐름을 받아들이라고

콸콸 흐르던 계곡물은
어느새 졸졸 흐르고,
반딧불은 정령처럼 다가왔습니다

삶은 모순이더군
우린 끊임없이 무언가를 좇지만

정작 소중한 것은 늘 곁에 있었지

숲은 묻습니다
지금, 네가 진정 원하는 것은 무엇이냐고
무엇을 보고, 듣고, 느끼고 있느냐고

숲은 말합니다
욕망과 집착을 내려놓고
지금, 이 순간을 살라고
네 안의 목소리에 귀 기울이라고

숲은 속삭입니다
삶은 결국 너 자신과의 싸움이라고
어둠과 마주하고, 그것을 이겨내야
비로소 자유로워진다고

숲은 노래합니다
사랑하고, 용서하고, 감사하라고
모든 존재와 함께
아름다운 세상을 만들어 가자고

숲은 말합니다
삶은 축복이라고
매 순간을 소중히 여기고
네 안의 가능성을 펼치라고

숲의 나무들이 뿌리로 연결되듯
우리도 함께 살아간다고
그러니 두려워하지 말고,
네 길을 걸어가라고

숲은 속삭입니다
사랑한다고

별빛 아래 매미의 노래

땅속 깊이 인내하는 매미
인생 또한 기다림을 배운다
한여름 밤 별빛 아래 퍼지는 울음은
마음의 창에 기대어 별을 헤아린다

짧은 생의 간절한 외침
인생도 짧지만, 열망은 끝이 없으리
사랑을 찾는 애절한 노래는
마음을 파고드는 울림 되어

목청 다해 부르는 삶의 절정
그 소리엔 그리움과 사랑이 스며
인간의 삶도 순간의 정열로
여름밤 깊어질수록 그리움만 쌓인다

매미의 울음, 짧고 강렬한
여름밤을 적시는 그리움의 메아리

화엄의 속살

천년의 세월,
기와에 새겨진 발자취
화엄사 뜰엔 그리움 꽃피고
비바람 덧입은 기와엔
수많은 생명의 숨결이 깃든다

기쁨, 슬픔, 고통, 환희
천년을 품고 살아온 시간
비에 젖고 눈에 싸이면서
햇살 아래 초록으로 물드는
화엄매에 그대 얼굴이 떠오른다

꽃잎 하나에도 우주가 담기고
번뇌와 고통은 찰나의 인연 되어
맺히고, 스러지네
구름과 비, 하늘과 땅이 하나 되듯
모든 존재는 서로 기대어 산다

계곡은 빗물에 젖어 아우성치고

매미는 사랑을 찾아 처절하게 울며

절집 마루에 홀로 앉으니

지난 시간이 그리움 되어 밀려온다

고독한 나그네의 마음에 머문다

들꽃은 알고 있다

산과 들
누구의 손길 없어도
누구의 눈길 닿지 않아도

그저 그렇게
스며들어 피어나는 들꽃이라지만

긴 겨울을 견뎌낸 매화처럼
저녁노을을 안으며 붉게 물든 장미처럼
따스한 햇살에 웃는 해바라기처럼
바람 따라 춤추는 코스모스처럼
맑은 이슬 머금은 국화처럼

그대 또한
이름 없는 들꽃이니
계절의 품 안에서
묵묵히 빛나는 그 빛을
작게 여기지 말라

여정의 끝, 나를 만나다

여행은

단순히 장소를 옮기는 일이 아닙니다

빈 도화지에 색을 입히듯

나에게 새로운 빛과 결을 더하는 시간입니다

출발의 설렘은

즐거운 예고편 같지만,

돌아온 후 마음에 남는 잔잔한 미소는

긴 여운의 엔딩 크레딧과도 같습니다

낯선 풍경은

나를 다시 그려보게 하고,

그 안에 스며든 순간들은

섬세한 스케치가 됩니다

밤늦도록 나눈 이야기,

바람에 옷깃을 여미던 거리,

낯선 얼굴들 속에서 발견한
익숙하지 않은 나의 모습
이 모두 여행이 건네는 선물입니다

때론 비바람에 길을 헤매기도 하지만,
그 순간조차
따뜻한 국밥 같은 위로가 되고,
아름다운 정원처럼
나를 돌보는 시간이 됩니다

광활한 바다를 유영하듯
자유를 온몸으로 느끼기도 하지요

섬처럼 열려 있는 순간엔
희망이 넘치고,
고립된 섬 같은 밤엔
외로움에 젖기도 합니다

그러나 그 모든 순간이 모여
나를 완성해 갑니다

여행의 설렘도 아름답지만,
돌아온 뒤의 잔잔한 미소가 더 깊은 이유는
그 끝에 마주한 내가
진짜 나 자신임을 알게 되기 때문입니다

여행은 결국,
나를 찾아 떠나는 여정
그리고 그 끝에는
더 넓고 깊어진 내가
기다리고 있기 때문입니다

바람의 말

고독한 바람이 있다,
마치 낙엽을 품은 유랑자처럼,
세상 끝 모퉁이까지 떠도는

그리고 숲속 새들처럼
은밀히 속삭이는 바람도 있다

고요한 호수를 깨우며
물결을 일으키는 바람,
햇살을 품고
따스한 온기를 전하는 바람도 있다

너도 너대로,
나도 나대로,
그저 스쳐 가는 바람일 뿐

바람이 스며든 자리마다

자연은 고요히 몸을 맡기고,
결코 그 흐름을 거스르지 않는다

바람이 지나간 후,
흔들리던 가지도,
나부끼던 꽃잎도,
살포시 누웠던 풀잎도
다시 일어나 새로이 숨 쉰다

기다림의 풍경

시간은 멈춘 듯 흐르고
강물은 숨죽여 생명을 품는다
하얀 산은 무게를 견디며
길은 안개 속으로 천천히 사라진다

하늘과 땅 사이, 솜털 구름 하나
바다와 육지는 색과 선으로 어우러지고
잔잔한 파도와 능선은
빛의 농담 속에서 몽환의 춤을 춘다

파도 위에 집이 떠 있고
바다 위에 땅이 내려앉은 듯한
한 폭의 꿈,
그 안에 머무르는 기다림

눈밭 위 아이의 미소는
어머니 햇살 같은 따스함,

고향 마당엔
시간이 깊이 스며든 그리움이 묻어난다

그리고
내 마음을 읽는 듯
눈 속 차갑게 숨어든
붉은 매화 한 송이,
조용히 봄을 깨운다

스며드는 인연

꽃은 혼자 피지 않습니다
비바람의 시련, 햇살의 온기,
달빛의 다정한 손길을 받아
비로소 피어납니다

가을도 혼자 물들지 않습니다
눈보라의 기억, 대지의 숨결,
한여름의 불꽃 같은 시간을 지나
서서히 물듭니다

인연도 마찬가지입니다
그저 스쳐 가는 것이 아니라
마음과 마음이
조용히 스며들어
함께 피워 올린
한 송이 꽃입니다

그리고 그 꽃은

피어난 뒤에도

오래도록 향기를 남깁니다

시선의 무게

비바람 몰아쳐도
세월이 흘러도
늘 그 자리, 묵묵히 선 바위

계절이 스치듯 지나가도
말없이 견뎌낸 너는
내겐 그저 그런 존재였네

기쁨인지 슬픔인지
살았는지 죽었는지
영혼조차 없는 줄 알았는데

아, 이제 보니
웅장하다 여기니
웅장해 보이고
멋있다 바라보니
참, 멋스럽구나

그제야 알았다

네가 달라진 게 아니라

내 시선이 깊어진 거란 걸

빗물의 여정

닮은 듯, 다른 음색으로
대지를 적시는 빗방울
섬세하게, 때로는 격렬하게
하늘의 숨결이 땅을 적신다

메마른 침묵 위로
생명의 떨림 번지고,
꽃과 나무, 계곡의 숨결까지
젖은 채 눈을 뜬다

빗방울은 늘
다채로운 소리로 내려와
흙을 두드리고
마음을 적신다
맑게도, 때로는 탁하게도
생명의 결을 새기며

가장 높은 곳에서
가장 낮은 곳으로 흐르다,
실개천 되어, 강물 되어
마침내 바다의 품에 안긴다

숲이 되는 시간

숲이 말을 건네듯
나뭇가지 살며시 흔들고
바람 소리가 고요히 스며든다

"이기려 애쓰지 마라
맞서려 몸부림치지 마라
그저 너의 길을 가라"
숲은 조용히 속삭인다

아무것도 품지 않은 씨앗 하나
땅속 깊은 어둠 속으로 스며들어
뿌리를 내리고
하늘을 향해 가지를 뻗는다

나무들은 서로 기대어 서서
함께 숲을 이룬다

새들이 날아와 지저귀고
햇살은 따스하게 머물다 가며
구름마저 가지에 걸린다

그 숲에는
싱그러운 풀 냄새가 감돌고
바람은 솔바람 되어
나뭇가지를 속삭이듯 흔든다

맑은 물 졸졸 흐르는 계곡
딱따구리와 이름 모를 새들이
소리 없이 화음을 이루면
숲은 그 울림에 젖어
잎새마다 숨결처럼 떤다

너의 향기

꽃향기에도
마음의 색이 있다

개망초엔
저릿한 슬픔이 묻어나고
쑥부쟁이에선
은은한 사랑이 스며든다

같은 흙에서 자라고
닮은 얼굴로 피었어도
그 향기엔
지나간 기억의 그림자가 스친다

햇살을 머금은 날엔
포근한 향기로 나를 감싸고
비에 젖은 날엔
촉촉한 그리움으로 젖어온다

때로는

너의 목소리처럼

바람결에 실려 오고

때로는

네 손길처럼

살며시 가슴을 어루만진다

내 마음도

그 향기 따라

조용히 흘러간다

상실 이후에 비로소 피어나는 사랑의 본질.
이 장은 이별, 그리움, 회한을 정면으로 마주하는 장입니다.
그리움은 아픔이 아니라, 사랑의 다른 이름이며, 결국 '기억 속에서 다시 피는 마음'임을 조용히 속삭입니다.
자연의 위로를 통과한 후, 인간적인 감정의 깊이를 성찰하며
사랑의 존재론적 의미로 나아가는 장이라 할 수 있습니다.

── 3장. ──

사랑,
그리움으로 피다

사랑의 흔적과 이별의 슬픔, 그리고 기억의 따스함

그리움, 고요히 스미다

잠 못 드는 긴 밤,
풀벌레 선율이
시간의 잔물결처럼 아련히 번질 때면,

'보고 싶다'는 음절 대신
뜨거운 옹어리는
밤하늘, 가장 오래된 별이 되어,
별자리 사이 흐르는 고요한 틈,
수화기 너머 그대 숨결은
얼어붙은 마음의 지층을
초봄 안개처럼 스르르 녹여 내린다

깊어진 밤, 눈 감으면
선명히 덧칠되는 그대 웃음소리,
내 안의 심연에 일렁이는 파도처럼
밀려와 모래알 되어 부서진다

달빛 감도는 호수 위,
잔잔한 물결에 번져가는 그림자만으로도
영혼의 갈증처럼 사무치게 그리워진다

그리고,
말없이 스며든 새벽 공기처럼
고요히 숨 쉬는 이 밤,
그대라는 정오의 햇살만으로도
내 마음은
밤의 끝자락을 넘어,
찰나의 영원으로 가득 채워진다

하나가 둘이 되는 그리움

둘이 하나였던 우리,
이제는
하나가 둘이 되는
그리움입니다

그대의 이름을
목이 터지게 불러도
돌아오는 건
쓸쓸한 메아리뿐입니다

밤이면
별빛은 고독을 건너고,
가로등 불빛은
나를 닮은 외로움에 젖습니다

그대 곁에 있을 땐
몰랐습니다

웃던 날도,
울던 날도
손끝에 닿던 따스함도

이제는
모든 순간이
기억 속 맑은 물방울로 남아
가슴을 적십니다

이별을 앓고 나서야
알았습니다
사랑이 깊을수록
그리움도
그만큼 깊어진다는 걸

당신과 걷던 길 위에
이제는
나 혼자
조용히
발자국을 남깁니다

기억의 모양

그늘에 기대앉아
하늘을 떠가는 흰 구름을 봅니다
세모, 네모, 동그라미
구름 따라 흘러가는 기억의 조각들

도화지 위에 그려보아도
할머니 이야기만큼 또렷하지 않고,
어머니 된장국처럼 깊은 맛도 없는
희미한 기억의 파편들

기쁨과 슬픔은
책갈피 속 빛바랜 그림처럼
세월 속에서 서서히
그 빛을 잃어가지만,

그리움의 바람 속에
다시 피어난 어제의 한 조각,

나는 그 조각들을 조용히 주워

한 편의 시로 엮습니다

그리고 지금

당신의 마음 창가에

살며시 올려둡니다

겨울 편지

함박눈 내리는 밤,
당신을 떠올리며 편지를 씁니다
하얀 종이 위에
마음의 갈피를 조심스레 펼칩니다

멀리서 부는 바람 속엔
당신의 이름이 들리는 듯하고,
창밖에 켜진 가로등 불빛은
지난겨울을 조용히 비춥니다

이 글이 잠에 젖어 사라질지라도,
남겨진 마음은
차곡차곡 쌓인 눈처럼
그리움 되어 내 안에 머물겠지요

이 겨울의 숨결을 실어
당신께 마음 한 장 띄웁니다

혹여 당신도
이 하얀 밤 어디쯤에서
나를 떠올리고 있다면,
그것만으로 따뜻한 겨울입니다

하얀 기다림

눈 내리지 않는 겨울 하늘은
잿빛 슬픔으로 무거웠고,
얼어붙은 땅은
말 없는 고요 속에 잠들었습니다

새 한 마리 울지 않는
앙상한 가지 사이로
바람만 쓸쓸히 지나갔지요

나는,
첫눈이 내릴 때까지
그대를 기다렸습니다
오지 않는 그리움은
서서히 마음을 덮어갔습니다

밤마다 창가에 기대어
하얗게 피어난 세상을 그렸습니다

언젠가 눈이 내리는 날,
세상은 조용히 덮이겠지요
그대와 마주 앉아
따스한 찻잔을 사이에 두고
말없이,
한겨울의 온기를 나눌 수 있겠지요

그리움이 머무는 별빛

별 무리 쏟아지는 여름밤,
풀벌레마저 숨죽인 적막 속에
깊게 스며든 그리움 한 조각

전하지 못한 속삭임처럼
심장 가장 깊은 곳에 묶인 시간이
별들의 침묵 사이에서
오래된 보석처럼 희미하게 깜박인다

밤이 짙어질수록
그리움은 끈적한 어둠을 타고 번지고,
풀벌레 울음은 존재의 경계를 넘어
허공 저 깊은 곳으로 아득히 흩어진다

별빛 아래 홀로 선 그림자,
첫사랑의 순백한 잔상이
밤하늘 유리 벽에 아련히 투영되고,

우주는 오늘도

침묵의 언어로 그리움을 품는다

그대 머문 자리

스산한 바람 부는
햇살 옅은 마당에
눈물 자국 남긴
쓸쓸한 의자 하나

그대 스치던 바람 지나가면
가슴 깊이 박힌 그리움,
고요히 흐르는 눈물 되어 맺히고

산모퉁이에 앉아
목메어 부른 이름,
돌아온 건
싸늘한 침묵뿐

기다림은
멈춰버린 풍경처럼
오래된 액자 속에

낡은 시간으로 걸려 있고,

나는
깊은 어둠 속을 헤매며
그대 발자국을 더듬는다

마음 끝,
이별의 그림자만 짙어지고…

오늘도
흔들리는 바람에
그대 이름 실어 보낸다
누구도 닿지 않는 허공에
조용히, 바람결 따라 흩어진다

이름 없는 꽃님에게

부르고 싶어도
그대 이름을 몰라
다만, 바라봅니다

들판 한가운데
하얀 숨결로 피어나
살랑이는 오후 햇살에
조용히 떨리는 꽃잎 하나

그윽한 향기,
바람에 실려
내 마음 깊숙이
은은히 스며듭니다

그 앞에 멈춰 서서
눈을 감고
잠시
그대를 느껴봅니다

가을 풍경

떨어져 있을 땐
고요히 마음에 내려와
잔잔한 미소 하나 놓고 가고,

가까이 다가서면
눈빛 사이로 스며들어
숨죽인 듯 반짝이는 풍경이 되네

가을은
내 삶의 가장 조용한 자리에서
천천히 빛나는
기억의 색입니다

그대에게 가는 봄
― 그대를 향한 계절의 노래

겨울 그림자 걷히고
아련한 숨결 따라
봄은 조용히
그대에게 닿습니다

바람의 속삭임,
햇살의 손길,
별빛 스미는 밤처럼
하나둘, 그대 곁에 번져가는 계절

시간 저편에 잊혔다 해도
문득 떠오르는 당신 얼굴처럼
가슴 깊이 스며드는
그리움의 봄

흘러가는 나날 속에서도
지워지지 않는 마음은

새싹처럼 다시 피어나
그대의 영혼에 숨 쉽니다

창을 여는 새벽,
수평선 너머
붉은 희망이 피어나고
햇살은 고요히 하루를 엽니다

온 세상이
그대 이름으로 물들고,
솟아오른 기쁨이
꽃잎처럼 마음에 내려앉습니다

매화는 향기 되어 퍼지고,
목련은 고요히 피어나며,
개나리 웃는 길 끝에서
벚꽃은 바람 따라 춤춥니다

이 모든 순간이
그대를 위한,
봄이기를

찔레꽃 언덕에서 피어나는 그리움

하얗게 찔레꽃이 흐드러진
봄날 산골 언덕,
별빛처럼 박혔던 꿈들이
조용히 떠오릅니다

꽃내음 머문 바람결 사이로
첫사랑 숨결이 스며들고,
나른한 햇살 사이 틈새마다
그리움 한 송이 고요히 피어납니다

맑고 따뜻했던 그날들은
물결처럼 마음에 스며 흘러가도,

찔레꽃 흩날리는 언덕 위엔
안개처럼 남은 눈빛과 떨림이
부드럽게
내 마음을 적십니다

어울림의 이유

꽃은 피어나 꽃밭을 이루고
풀이 돋아 풀밭을 채웁니다

하지만 꽃밭 속에도 풀이 스며들고
풀밭 한편엔 꽃들이 어우러지지요

서로 다른 자리에서 기대어
서로의 숨결을 살며시 나누며
그렇게 함께 살아갑니다

아마도,
그것이 우리가
서로의 빛이 되어
서로를 품으며
함께 살아가는
이유일 겁니다

일상 속 소소한 순간들이 주는 삶의 향기와 온기.
사랑과 회한을 지나 일상으로 돌아온 화자는, 삼겹살의 소리, 아버지의 텃밭, 창가의 오후 같은 작고도 확실한 행복 속에서
삶을 다시 응시합니다.
삶은 위대하거나 거창한 것이 아니라, 소소한 것들로 빛나는 날들의 연속임을 일깨우는 장입니다.

4장.
하루를 닮은 기쁨들

일상의 소소한 행복과 따뜻한 공감의 순간들

삼겹살

돈이라는 악보는 늘 엇박자를 내지만
식탁 위 삼겹살은 정확한 박자를 낸다
눈물 젖은 건반 위
한 줌 기름이 고된 하루를 위로하는 따스한 선율

허기진 마음 빈 악기 위
삼겹살 현이 울릴 때
세상의 고민은 잠시 잊힌다
비싼 맛, 착한 가격,
삶의 아름다운 역설 같아

먹고 돌아선 입안에 남는 여운은
잊힌 멜로디처럼 가슴에 맴돌고
마늘, 고추, 쌈장 화음 더해져
삶이라는 오케스트라 완성한다

비 오는 날, 지글지글 익는 소리는

자연이 연주하는 합창곡

산과 들 어디서든

삼겹살은 자연과 인간을 잇는 매개체

가족 둘러앉은 식탁은

가장 아름다운 무대

상추 악보 위에 올려

서로에게 건네는 따뜻한 마음은

세상에서 가장 아름다운 합창

삼겹살처럼 살고 싶다

삶의 고된 연주 속에서도

따뜻한 위로 건네는 존재로

누군가 마음이 행복한 화음 더하는 존재로

그대 덕분에, 지금

힘겨운 나날 속에도
그대 있어 버텨낼 힘이 되고,
슬픔에 젖은 밤에도
그대 덕에 위로를 얻으니,
지금, 나는 참 행복합니다

기쁨은 그대와 나누고,
사랑은 그대 덕에
비로소 마음에 머물러,
그대 덕분에 나는 온전한 행복을 누립니다

언젠가 깊은 호수 위
안개처럼 사라진다 해도,
이 순간, 이 숨결 안에
행복이 스며 있어
그저 감사할 따름입니다

가을, 인생을 읽다

가을은
지붕 없는 미술관,

사랑도
미움도 내려놓고

잠시 빌려 읽다
조용히 반납하는
한 권의 인생 같다

고요한 순환

되돌릴 수 없는
흘러간 시간,

찰나의 빛조차
붙잡을 수 없는 세월은

구름 되어 흐르고,
비 되어 내리며,
햇살 되어 스며든다

그러니
앞서려 애쓰지 말고
잠시 걸음을 늦춰
뒤돌아보라

배려로 별을 품고 잠들고,
햇살에 눈뜬 날들

그 고요한 순환 속에

정갈히 살아가리

여름 오후, 창가에서

오후 세 시,
아이스커피 너머
오 층 창가에 서면
잦아든 자판 소리,
붉은 신호에 멈춘 차들
회색 연기만 토해 낸다

매연 낀 하늘이
시야를 덮고,
뜨거운 바람은
얇은 셔츠를 감싼다
선글라스 아래 흔들리는 거리,
창문 두드리는 바람이
문득 말을 거는 듯하다

오후 다섯 시,
빈 잔을 내려놓자

유리창 너머
쏟아지는 소나기
여름 새들 더위를 피해 날고,
회색 빗물은
도심천 따라 흘러간다

여섯 시,
사람들이 거리로 쏟아진다
술집으로 향하는 발걸음,
집으로 서두르는 그림자들

나는,
이 긴 여름밤 어디로 향할까,
아직도 갈 곳을 모른 채
창가에 머문다

고향을 노래하다

가깝고도 아득한
그리움 하나

까치가 기다리는 마당,
감나무엔 붉은 홍시가 고개 숙이고
햇살 머문 장독대 위로
시간은 조용히 익어간다

돌담 틈 사이로 핀 장미
바람 따라 고운 향기 퍼지고
삐걱이는 사립문은
익숙한 소식을 전한다

작은 마루에 앉으면
따스한 햇살 아래
희미한 고향 풍경이
겹겹이 쌓인다

흙먼지 날리던 맨발,
고무줄 넘기던 검은 손,
딱지 치며 웃던 골목,
개울가에 남은 어린 고무신

호박에 말뚝 박으며
어머니 꾸중 듣던
저녁 무렵

아랫목 밥상 너머
머물던 어머니 손길,
그 온기가
지금도 가슴에 젖는다

도시의 꿈 안고
떠났던 날들,
세월이 흘러도
달빛 같은 그리움은
내 안에 고인다

멀어질수록

더 가까워지는 풍경,

내 고향은

이제 가슴 깊이 흐르는 노래

오월의 그대

오월이 오면
그대 눈동자 속 햇살이 쏟아져
설렘에 젖은 내 마음은
붉은 장미꽃처럼 붉어집니다

담장 너머,
살며시 스미는 꽃잎 향기 따라
잊혀진 기억들 하나둘
바람결에 조용히 피어나고

가슴 깊이 숨겨둔 말들은
그대 스친 장미 끝자락에서
따스한 숨결로 꽃망울을 맺습니다

산이 들려준 조화의 노래

새들은
서로 다른 음색으로 속삭인다
그러나 어느새,
하늘 가득 울려 퍼지는 하나의 합창이 되어

꽃들은
저마다 빛깔을 달리해 피어나
넓은 자연의 화폭 위에
눈부신 물감을 뿌린다

풀잎들은
각기 다른 향기로 숲을 감싸고,
그윽한 숨결로
은은한 바람길을 만든다

나무와 잎은
결도 모양도 제각각이지만,

바람에 흔들리고 햇살에 반짝이며
그늘 아래 조용한 쉼을 선사한다

계곡물은
굽이굽이 흐르며
비밀스러운 생명을 품고,
산은
그 모든 것을 품어내면서도
늘 푸르고, 고요하다

마음이 길이 될 때

어디로 가느냐
더 묻지 마라
길은
이미 너의 마음 안에 있다

산은
언젠가 내려와야 하지만
우리는
품은 뜻 따라 조용히 오른다

계절은
기다리면 다시 오고
붙잡아도 떠나지만,

그 찰나의 떨림을
놓친다면
바람처럼

무심히 스쳐 지나가리니,

그 한순간에 깃든
마음의 빛을
놓치지 마라

아버지의 텃밭

아버지의 작은 텃밭
곡괭이 춤추던 흙 위,
씨앗은 주인공 되어
싱그러운 이야기 써 내려간다

배추, 깨, 고추, 호박,
햇살과 바람의 응원 속에
한 뼘, 두 뼘 자라던
깊은 정이었다

손끝 저려도 괜찮다며,
흙 묻은 옷자락조차
자랑이던 그분,
자식들 웃음꽃 피면
그게 곧 기쁨이었다

한 땀 한 땀 길러낸 선물,

먼 곳의 자식들에게
말없이 건네는
아버지의 깊은 마음

"마트에 전화하면 되는데…"
말끝에 맺힌 서운함 너머,
숨은 사랑을 헤아리며
자식은 조용히 전화를 건다
텃밭은 밭이 아니었음을

그 안에
아버지와 자식의 정이,
사랑이 자라던
삶의 터전이었음을

내가 아버지가 되고서야
비로소 알았다

회색빛 여름의 기도

청개구리 울음 애달파도
그대는 오지 않고
회색 장막만 더욱 짙어집니다

햇살은 숨죽인 채 사라지고
하늘은 무거운 눈물방울을
조용히 땅에 내려놓습니다

고요한 바다
짙은 산그늘
서늘한 들판 위로
빛 잃은 여름이
말없이 흐느끼네요

모든 슬픔은 지나가리니
이 쓸쓸한 시간이 걷히면
눈부신 햇살처럼
그대, 다시 오시겠지요

고통을 끌어안고 다시 꽃을 피우는 희망의 시선
이 장은 시집의 정점입니다.
삶의 상처를 '불꽃'으로 승화시키고, '고통에게 배운 사랑'을
통해 자신을 돌아보고 다시 살아가는 의지를 표현합니다.
자연의 순환과 일상의 감각들이 내면화된 결과, 이제 회복
과 희망이 피어나는 곳으로 독자를 이끕니다.

5장.

다시
피어나는 마음

시련을 견디고 희망으로 나아가는 회복의 시편들

심연에서 피는 불꽃

젊은 날의 꿈은

성난 파도를 가르는 항해사의 강인한 돛대였고,

드넓은 창공을 누비는 비행사의 자유로운 날개였으며,

하얀 가운에 깃든 숭고한 헌신이었고

이상향을 좇던 몽상가의 뜨거운 숨결이었다

그러나

현실의 벽에 가로막혀 자유를 잃고,

작은 정원을 가꾸는 일조차

사치처럼 느껴지던 시간 속에서

그 꿈들은 빛바랜 파편으로 흩어졌다

슬피 우는 새의 울음처럼,

애처로운 밤벌레 소리처럼,

눈물 젖은 밥숟갈 위에 얹힌

작은 소망들이여

무뎌진 칼끝에 베인 상처처럼,

쓸쓸히 흩날리는 낙엽처럼,

조용히 사라져 간 가슴속 꿈들이여

그러나

어느 순간 눈을 감고 마음에 그린 그림 속에서,

상상의 날개를 펼치던 그때처럼

나는 또다시 불꽃을 피운다

비록 무겁게 짓눌려도,

내 가슴 깊은 곳에서 끓어오르는

사랑과 꿈의 불꽃 하나를 품고

잊었던 그대에게

자연의 속삭임은
고요히 귀 기울일 때 비로소 들리고,
아름다움은
닫힌 마음 열어 바라볼 때만 눈에 띄지

길이란
걷는 이의 발자국으로 완성되듯,
삶의 의미 또한
스스로의 걸음으로 새겨가는 것

너무 익숙한 일상의 무늬 속에
그대의 따스한 사랑을
나는 얼마나 무심히 흘려보냈던가

정작 귀 기울였어야 할
그대 깊은 고요의 외로움,
나는 외면한 채

스스로도 모르게 멀어지고 말았지

뒤돌아볼 틈 없이
앞만 향해 달려왔지만
그 끝이 어디인지,
왜 달려야 했는지도 잊고 있었네

아침은 뉴스 소리로 대신하고,
저녁은 식은 반찬 곁에 고요만 앉았고,
사랑하는 이들보다
할 일과 욕망의 어둠에 더 깊이 가라앉았지

그렇게
눈발 내려 쌓인 12월, 문득 고개 들자
열두 장 달력은
한 장 한 장 바람에 실려
말없이 흩날리다
텅 빈 벽 위에 쓸쓸히 멈춰 있었네

고요한 응시

한때는
발끝에 차이는
그저 흔한 돌멩이라 여겼지
무심히 지나친, 말 없는 존재

비바람 몰아치고
별이 뜨고 지고
햇살과 세월이 겹쳐 흘러도
그 자리에, 묵묵히 앉아 있었지

기쁨도, 슬픔도
사랑도, 미움도
한마디 말없이 품어낸
세월에 깎여 다문 입술
고인돌처럼 삶과 죽음을 건너며

오늘 문득

매끈한 이마에 흐르듯 새겨진
고요한 결의 무늬와 빛이
무심했던 내 마음을 건드린다

이제 나는
너처럼
세상을 흔들림 없이,
더 깊이
담담히 바라보려 한다

고요의 탑을 쌓으며

산사 오르는 길목에서
무심히 놓인 돌 하나 집어 듭니다
작은 소망 하나,
그 위에 얹어 봅니다

주인 없는 돌들을
하나둘 쌓다 보면
탐욕은 높을수록 허공의 거품 같고
집착은 내려놓을수록
바람처럼 가벼워집니다

거친 돌은 서로 기대며 둥글어지고
아랫돌은 윗돌을 받치며
어느새 스스로 윗돌이 되기도 합니다

소망은 하늘을 향해 차곡차곡 쌓이고
욕심은 조용히 바닥에 가라앉습니다

두 손 모아 가슴에 포갤 때,
집 앞 개울가
누이와 쌓던 돌탑처럼
맑고 투명한 마음이
샘물처럼 솟아납니다

별빛 품은 연못처럼
그 깊은 고요가
나를 적십니다

별빛 병동의 기도

솜사탕 구름을 이불 삼아
풍선 코 살랑이며 잠든 작은 별 하나,
"괜찮을 거야…"
반짝이는 꿈을 꾼다

털북숭이 강아지는
'희망'이란 목도리를 두르고
초롱한 눈망울로 속삭인다
"아프지 마…"
그 작은 눈을 조심스레 감는다

투명한 꽃병 안,
개나리, 진달래, 매화
봄을 품은 꽃잎들이
노란 숨결로 속삭인다
"곧 피어나렴, 봄처럼"

창밖, 달빛 아래 토끼 한 마리
초승달에 별빛을 꿰어
살며시 건넨다
"아프지 말아요,
별보다 맑은 너에게"

복도 끝 어딘가
소리 없이 걸린 기도 하나
그 기도에 고요한 평안이 내려앉는다

그리고,
32병동 벽에 새겨진 문장 —
"처음은 친절로,
마무리는 감동으로"

그 말 안에
천사들의 별빛이 조용히 반짝인다

고통에게 배운 사랑

아프다는 건
그저 슬픈 일인 줄만 알았다
하지만 지나고 보니
고마운 순간들이 조용히 쌓여 있었다

병문안 와준 따뜻한 손길,
걱정스레 울린 전화 한 통,
곁에서 묵묵히 지켜준 소중한 이들

고통 속에 피어난 들꽃처럼
바람에 쓰러질 듯해도
다시 일어나는 생명력 속에서
비로소, 지난날의 나를 돌아본다

미워하지 않으려 애썼지만
정작 나 자신을 향한
배려와 사랑은 부족했음을 안다

아파보니 알겠다
하늘을 나는 새가 왜 자유로운지,
어둠 속에서 별이 왜 빛나는지,
거센 물살을 거슬러 오르는 연어가
어째서 그토록 온 힘을 다하는지

고통 속에 웅크렸던 시간,
희미한 별처럼 어둠을 밝히던 마음,
봄날 새싹처럼 움트는 연둣빛 사랑이
얼마나 맑고 귀한지

그제야 깨닫는다
내 안에
얼마나 깊고 조용한 사랑이
숨 쉬고 있었는지를

홀로 있어도 괜찮아

지치고 힘든 날엔
숲길을 천천히 걸어보세요
포근한 바람이 어깨를 다독이고
수줍은 고깔제비꽃이 미소 짓습니다

숲은 맑은 향기로 말을 걸고
햇살은 나뭇잎 사이로
속삭이며 마음을 어루만집니다
새들은 가슴을 울리는
노래를 들려주지요

그래요,
홀로 있어도 괜찮습니다

혼자인 이 순간,
가장 다정한 친구는 바로 나
내 마음을 조용히 쓰다듬으며

고요 속에서 위안을 배웁니다

졸졸 흐르는 계곡물,
잎새의 속삭임,
다람쥐와 새들의 이야기
그 모든 것이
내가 기다려 온 위로입니다

그러니, 홀로 있어도 괜찮아요
산과 들에는 여전히
꽃과 나비가 머물고 있으니까요

혼자라는 시간은
진정한 나를 마주하게 해주는
가장 깊고 고마운 선물

그래요, 나무와 새, 바람과
연둣빛 숨결이 어우러진 이 봄은
혼자여도 충분히 따뜻합니다

물처럼

계곡을 따라
눈 감고 귀 기울이면
맑아진 마음,
물살에 실려 흘러갑니다

굽이진 바위 앞에서도
물은 누구도 탓하지 않습니다
부딪히고, 부서져도
묵묵히 앞선 길을 따릅니다

고무신 벗고
가재를 잡던 그 시절,
계곡물은 도랑을 뛰놀던
어린 웃음을 안고
기억의 저편에 꽃피웁니다

햇살 아래

투명한 수채화처럼
스치는 길손의 눈빛을 담고,

바위에 이끼를 적시며
나무의 갈증을 풀고
새와 다람쥐, 물고기까지
말없이 품어 안습니다

그러나,
말 없는 흐름 속에도
물은 한 번도 멈춘 적이 없습니다

부서지고 굽이쳐도
끝내 바다를 향해 나아갑니다

마음의 벽을 넘어

담쟁이넝쿨은
차가운 담장을 껴안고 살아간다
흐르는 물은
묵묵히 바위를 감싸며 길을 내고,
흩어지는 바람은
그 벽마저 가볍게 넘는다

우리는 가끔,
그림자 진 하루 앞에서
내일의 빛마저 의심하곤 한다
그러나,
어둠을 견뎌 핀
한 송이 웃음꽃이 있다면
내일도 다시 피어나지 않겠는가

자유와 속박의 갈림길,
그 출구는 언제나

밖이 아니라
당신 마음의 안쪽에 있다

삶이라는 바다를 건너는 건
그 누구도 아닌,
지금 이 벽 앞에 선
바로 당신

보라,
구름은 결국 하늘을 비우고,
햇살은 언제나
다시 돌아오는 법이니

눈물의 언덕을 지나

원치 않은 길을
등 떠밀리듯 걷는다

그 길 위,
가슴을 타고 흐르는
뼛속까지 시린 눈물

울어본 자만이 안다,
눈물이 토해낸
삶의 깊고 푸른 절망을

지나가는 바람이
울지 말라며,
이내 울어버리라며
가만히 어깨를 다독인다

쏟아진 아픔

그대도 알 터,
세상 또한 알겠지만

돌아오지 않는 날들 앞에
더욱 서럽게 울어라
그리고, 웃어라

웃는 그 순간,
눈물이 꽃이 되리니

침묵의 봄

꽃을 피우기 위해
땅 깊이 뿌리를 내리듯
외롭고 긴 기다림도
차가운 흙을 감싸안으며
조용히 봄을 기다렸다

두터운 솜이불 아래 웅크린 새싹,
깊은 물결 아래 숨죽인 시간,
언젠가 움트리라는 믿음으로
나는 묵묵히 씨앗을 품었다

그러다 봄은
종달새의 지저귐에 실려와
내 안에 잠든
침묵의 말들을 깨운다

다시 피어나는 마음

화가가 되지 못한 의사,
작가가 되지 못한 변호사,
선택의 갈림길에 선 영혼은
한때 해바라기처럼 찬란했으나,
거센 바람 앞에
고개를 떨굴 수밖에 없었다

그러나 보라
꽃나무는 해마다 꽃을 피우고,
묵묵히 그 자리를 지킨 나무도
잎을 떨구고 다시 피어나며,
새순은 어김없이 돋아난다

꽃잎이 져도,
줄기가 말라가도,
그 뿌리는 깊이 숨 쉬며
언제나 희망으로 솟아오른다

너머에서 오는 위로

세상이
네 마음 몰라주는 날,
가슴에 억울함이 사무친다면
부디 너무 노여워 말거라

억새는 바람에 흔들려야
비로소 물결을 이루고
맑은 하늘조차
가끔은 비구름 아래 머무르지 않니

짙은 어둠 있어야
별은 밤하늘에 반짝이고
아스라이 멀수록
산은 깊고 높으며
멀리서 바라봐야
바다는 수평선 너머로 경이로워진단다

그러니

네가 보고, 느끼는 만큼

세상도 서서히 열릴 테니

너무 조급해 말고

너무 노여워 말거라

결국 그 모든 시련 너머에서 오는 위로의 빛이

네 모든 것을 따뜻하게 감싸안을 테니

삶의 여정 끝, 고향이라는 원점에서 만나는 시간과 회복의 서정.
시집의 종착점에서 화자는 다시 고흥의 산과 바다, 사찰과 유자 향기 속에서 시간과 기억, 삶의 순환을 온전히 받아들입니다.
고향은 단지 지리적 공간이 아니라, 기억과 감정의 정착지이자, 회복과 순환의 완성점입니다.
고향은 이제 마음의 풍경이 되어 '고요한 벤치'처럼 삶을 관조하는 자리를 마련합니다.

— 6장. —

고흥, 그 풍경이 마음이 되어

산과 바다, 사람과 시간이 어우러진 고흥의 서정

여름, 팔영산에 안기다

울창한 숲은
어머니 품처럼 따스하고 포근하다
빛을 머금은 숲길을 걷노라면
짙은 풀 내음이 숨결처럼 스며든다
산길을 오를수록
깊어지는 초록 속에서
새로운 나를 마주한다

계곡물은 낮은 속삭임으로
맑은 돌 틈을 부드럽게 감싼다
유리알처럼 투명한 물결 위로
새들의 울음이 바람결에 실려
멀리멀리 퍼져 나간다
햇살이 잎새 사이를 뚫고 내려앉으면
짙푸른 여름빛이 숲을 가득 채운다

나뭇잎 스치는 바람은
등을 간질이며 조용히 속삭인다

땀방울이 등줄기를 타고 흐를수록
숲은 더 깊이, 더 다정하게
내 안으로 스며든다

가파른 오르막길,
숨은 턱 끝에 차오르고
몸은 무거운 고통에 젖지만
마침내 정상에 서면 펼쳐지는
새로운 풍경이 숨을 트이게 한다

저 멀리 다도해의 섬들이
손짓하며 반기고,
해창만의 너른 들판이
시원한 바람을 몰고 다가온다
산과 하늘, 바다와 땅이
하나로 이어지는 순간,

팔영산은
하늘과 바다, 땅을
다정히 어루만지며
여름을 그려낸다

금강죽봉

하늘이 아니고서야
어찌 너를 빚었으랴
태고의 숨결 품은 봉우리
수만 년 바람 속을 묵묵히 견뎌온 죽봉이여

그 장엄한 기세 앞에
해도 달도 숨을 죽이고
고요히 너를 비춘다

거센 바람은
대나무라 여겨 너를 흔들어 보지만
붉은 뿌리 굳건한 소나무만
고개 끄덕이며 바람과 춤춘다

너의 기운 머금은
지죽 어촌 앞바다 푸른 물결은
덩실덩실 춤추다 밀려들고

구름은 너를 닮은 나그네 되어
잠시 머물다 이별처럼 흘러간다

하늘과 바람, 해와 달이
함께 빚어낸 너, 금강죽봉
그 웅장한 기상은 바다의 수호신 같고
푸른 해양을 지휘하는
주상절리의 장군이로다

이제 나는 안다
너는 단지 돌이 아니라
세월의 침묵을 끌어안은
하늘의 뜻이었음을

홍연, 가을에 붉게 피다

섬에 산이 있고
산 속엔 외딴 마을 하나,
아침 햇살처럼
저녁노을처럼
홍연은 가을마다 붉게 물든다

화전 일구던 사람들,
정월 달집을 태우듯
홍연이 활활 타오르고
그 불꽃처럼
기억도, 가슴도 따뜻해진다

고산 선생, 이곳에 반해
거금팔경을 남기고
마을 한가운데
고산목 한 그루 심었으니,
사백 해 세월도

그 앞에서 조용히 고개를 숙인다

가는 길가엔
코스모스 물결치고
나비는 너울너울 춤을 추며
벌떼는 잉잉 가을을 읊는다
갯내 품은 바람은
향기처럼 마음 깊이 스며든다

산허리 절집에서 울려오는 풍경 소리,
그 맑은 울림 속에
홍연의 가을이
고요히 담겨 흐른다

섬 남쪽, 거금도 품에 안긴
이 작은 마을, 홍연은
가을이면 꽃처럼 붉게 피어나
사람들의 기억 속에
아련한 그리움이 된다

유자 향 머무는 겨울 창가

찬바람 스며드는
햇살 어린 창가에
유자차 향이 은은히 피어오릅니다

알알이 맺힌 유자 속살엔
익어가는 가을의
짙은 기억이
고요히 배어 있지요

남도 고흥의 겨울,
좀처럼 오지 않던 눈발이
오늘은 창밖에서
올 듯 말 듯
마음을 흔듭니다

그리움만
찻잔 속에

아득히 깊어지고

창가에 걸린 바람 한 조각이
그대 이름을 중얼대듯 스칩니다

헐벗은 가지 너머
스산한 풍경도
말없이 봄을 기다립니다

유자 향 가득한 찻잔에
봄이 오면,
그대와 나눈 온기처럼
그대 향기
내 안에 머물기를,
잔잔히 기다립니다

쑥섬, 그리움이 피는 섬

수국이 흐드러지는
유월의 쑥섬엔
어머니의 향기처럼 스며든 그리움이
시린 눈물 자국처럼 고요히 핍니다

에메랄드빛 물결 위,
점점이 박힌 섬들 사이로
고깃배 하나 지나가면
시간의 주름처럼
흰 물살 따라 어부의 하루가
반짝이며 출렁입니다

꽃바람이 머무는 쑥섬,
수국 향기 짙은 이 계절에
바람은 이야기 한 송이 품어 와
잠든 나비의 날갯짓처럼
조용히 마음을 엽니다

뭍을 지그시 바라보는

섬사람의 눈동자엔

짭짤한 추억과

오래된 옹기처럼 달큰한 위로가

아련히 스며듭니다

바람결 따라 도는

고양이 같은 이 섬엔

멀고 깊은 그리움 하나

그늘진 돌담 아래 낮잠처럼 소리 없이 와서

잠시 쉬어갑니다

능가사에서

바람 스치는 나뭇잎 소리
고요한 마음결에 스며
무심히 울려 퍼질 때면,

따뜻한 찻잔 하나
두 손 모아 공양하듯
살며시 내려놓습니다

지그시 머문 시선 따라
자비로운 부처님 미소
이내 마음에 잔잔히 흐르고,

팔영산 품에 안긴
천년 고찰 능가사엔
세속의 먼지도
잠시 숨을 고릅니다

절 마당 끝자락,

이름 없는 들꽃 한 송이

말없이 피고 지며

윤회의 숨결처럼 되돌아옵니다

산사에 퍼지는

은은한 목탁 소리,

깨달음의 길 위에서

저마다의 꽃,

고요히 피어나길 기도합니다

고흥 분청사기, 고요를 빚다

고요한 아침,
해 뜨는 운암산(雲巖山) 그림자 길게 드리울 때,
선 하나하나마다 깃든 천 년 시간의 숨결
백토 위에 새긴 옛이야기들이
손끝에 닿아 조용히 속삭인다
마치 잊힌 노래처럼

흙에서 태어나 맹렬한 불길을 지나
묵묵히 세월을 품은 그릇 하나,
가마의 뜨거운 우연과 장인의 필연 사이에
응축된 혼이 오롯이 살아 숨 쉰다
그 찰나의 침묵 속에서

담백한 여백은
잔잔한 물결처럼 반짝이는 상념의 바다,
비움과 채움이 맞닿는 곳에서
깊은 고요가 나를 천천히 감싸안는다

세상의 소란이 멀어지는 듯

유약 위에 피어난 붉은 꽃,
투명한 빛깔 속에 번지는 은은한 잎맥,
부드러운 곡선을 타고 흐르는
운암산 솔바람의 향기가 스며든다
따뜻한 차 한 잔처럼 마음을 적시며

천사의 섬

사슴을 닮은 섬, 소록도
죽음 뒤에야 천사가 된다는
차가운 편견 속에 숨죽여 온 시간들

외면과 침묵으로 덮인
사슴들의 깊은 상처,
살아내려 몸부림치던 그 순간조차
죄악이라 여겨졌던 날들

채찍보다 더 아팠던
모진 시선의 그림자 속에서
핏빛 고통을 삼키며 견뎌낸 그들,
결코 꺾이지 않은 의지

울타리 너머
자유롭게 뛰노는 사슴을 바라보며
시간은 멈췄고

계절만 홀로 흘렀다

울음 섞인 기도의 끝에
얼어붙은 세상에도
다리가 놓이고
닫혔던 마음들이 서서히 이어져

마침내, 봄빛은
소록도에 부드럽게 스며들었다

이제 이곳은
고통의 섬이 아닌
살아서 천사가 된
그들의 안식처가 되었다

마복산 봉수대에서

수천 년을 견뎌낸 바위들이
능선을 따라 어깨를 잇고,
깊게 파인 골짜기는
정상으로 오르는 길을 험난하게 만든다

햇살은 산길에 스며들고,
땀방울과 거친 숨소리는
잠시 바위에 기대어
쉼이라는 선물을 받는다

바위틈 사이 한 그루 소나무가
희망을 틔우고,
바위 위에 바위가 쌓인 산은
신비롭고 장엄하다

아래 해창만 들녘엔
한여름 바람에 출렁이는

푸른 벼가 넘실대고,
지금 이 계절의 마복산은
진초록 생명으로 가득하다

멀리 들녘은 고요히 가을을 기다리고,
푸른 바다 위 섬들이 점점이 떠 있다
봉수대에 선 산은
그 모든 풍경을 묵묵히 바라본다

가을이 들녘에 스미면
산은 붉게 물들고,
해창만 들은
황금물결로 넘실거리리라

나로도, 그 그리움의 닻을 올리다

굽은 탯줄처럼 이어진 시골길
하얀 깃 한 자락 떨구는 갈매기
바람 끝에 스미는 짠 내음
작은 포구의 나로도

나를 그곳으로 데려갑니다

어부의 뱃노래 귓가에 맴돌고
해송 그늘에 울던 매미는
그리움에 타는 목을 적시며
물결처럼 번져가는
고향의 기억을 읊조립니다

황금빛 붓으로 그려내는 노을이
바다와 하늘을 물들이면
밤하늘 수많은 눈동자가
깊은 향수 속으로 나를 이끕니다

몽돌해변 파도의 노랫소리
흰 물살 가르던 고깃배
멀어져 가던 뱃고동 소리…

이제 가슴 속 묶여 있던 닻을 올립니다
그 닻은 세월의 무게
떠나 있던 날들의 결박이었다
풀린 닻이 물결 따라 흔들리듯
나의 귀향도 그렇게 시작됩니다

다시, 나로도로 돌아갑니다

우주를 품은 섬, 나로도

지붕 없는 미술관,
남도의 끝자락, 고흥 나로도에서
대한민국의 꿈이
우주로 활짝 피어난다

별 하나 걸린 해안도로,
갯내음 스며드는 몽돌해변
나로우주센터에 서면
파도 대신, 별이 밀려온다

창공을 향해
우뚝 선 발사체,
그 아래 두 손 모은 기도가
궤도를 그리며 떠오른다

카운트다운,
숨조차 멎은 침묵의 순간,

날아라!
힘차게 날아올라라!

지축을 흔드는 굉음,
푸른 하늘을 가르며 섬광이 번쩍이고
무한한 희망을
불꽃에 실어 올린다

그 찰나,
우리의 숨결은 하나 되어
우주로 뻗고,
한 점의 빛이 된다

기다림 끝에
터져 나오는 기쁨의 눈물,
하늘 가득 메우는
우레 같은 박수

그 빛나는 비상 위로
한 민족의 꿈이 타오른다

우주는 멀지 않다

고흥 나로도,

이 고요한 섬에서

우주가 우리 안에 스며든다

적대봉에서 만난 시간

산에서는
한낮 햇살이 쏟아지고
살갗 위로 따스함이 번지며
싱그러운 바람 한 줄기 스치면
온몸에 생기가 깃든다

맑은 공기는 피부로 스며들고
우렁찼던 매미 울음은
숲 깊은 곳에서 숨죽인 채
되살아난다

길을 따라 걷는다
길은 하나지만
산에는
오르는 길과 내려오는 길이 있다

나는 하나인데

오를 때의 나와
내려올 때의 나는 다르다
처음부터
하나는 둘이었는지도 모른다

저 아래,
금당도의 기암괴석은
병풍처럼 펼쳐지고
임진왜란 절이도 해전의 상처는
이 아름다움 속에 스며 있다

적대봉은 침묵하지만
우리는 안다
그 침묵 속에
시간의 이야기가 숨겨 있음을

거금도 대교는
섬과 육지를 잇고
옛 나룻배 자취는 사라졌지만
그 배는 여전히
만남과 이별의 기억을 싣고 떠돈다

산은 바라본다
한센인의 아픔이 서린
오마도 들녘을,
산은 품는다
섬사람들의 고단한 삶을

영겁의 세월을 지나
봉화대는 그 사연들을
연기처럼 하늘에 실어
멀리, 아주 멀리 날려 보냈으리

적대봉은
바다의 섬들을 품고
말없이 육지를 바라본다

그리고 나는
내 안의 해석으로
이 산과 시간을 만난다

봉래산, 숲의 향기와 우주의 숨결

산을 혼자 오르는 길,
숨이 차오르지만
산과 속삭이며 걷는 동안
숲의 향기가 마음을 채웁니다

소사나무 숲길 따라
아름드리 삼나무, 편백 그늘 아래
숨 고르듯 멈춰 서면
고요가 숨결처럼 다가옵니다

우주로 향하는 유일한 관문,
나로우주센터를 품은 봉래산은
드넓은 바다 위
섬처럼 조용히 떠 있습니다

숲엔 찌르레기의 노래가 흐르고
매미의 연가가 아련히 번지며

바위는 바위대로,
나무는 나무대로,
풀들은 제 이름으로
자신만의 숲을 이룹니다

그 숲의 가장 깊은 곳,
태초의 어둠 속에서도
별빛은 길을 잃지 않고,
우리는 그 빛을 따라
푸른 미지의 길을 걷습니다

잎 사이로 스며드는 햇살,
그 틈을 타고 오는 바람,
여전히 그 자리에 선 나무는
그 시절 그대로인데
자라버린 나는
어린 기억의 바람과 마주합니다

나무와 나무 사이
해무가 산허리를 감싸고,
소사나무 숲은

사람 손이 빚은 분재처럼 섬세하며,
삼만 그루 삼나무와 편백은
정갈한 신의 손길 같아
이곳은 마치 유토피아 같습니다

정상에 서면
동쪽엔 우주센터가,
서쪽엔 점점이 떠 있는 섬들이 펼쳐지고,
나와 봉래산은
그 장엄한 풍경 앞에
조용히 숨을 고릅니다

지구의 숨결 위,
찰나의 존재인 우리
이곳에서 비로소 깨닫습니다
우리는 곧 우주의 질문이며,
동시에 그 답을 찾아가는 여정임을

세월의 풍경 속에
고요한 벤치 하나 놓았습니다

초판 1쇄 발행 2025. 9. 30.

지은이 홍대원
펴낸이 김병호
펴낸곳 주식회사 바른북스

편집진행 황금주
디자인 양헌경
마케팅 송송이 박수진 박하연

등록 2019년 4월 3일 제2019-000040호
주소 서울시 성동구 연무장5길 9-16, 301호 (성수동2가, 블루스톤타워)
대표전화 070-7857-9719 | **경영지원** 02-3409-9719 | **팩스** 070-7610-9820

•바른북스는 여러분의 다양한 아이디어와 원고 투고를 설레는 마음으로 기다리고 있습니다.
이메일 barunbooks21@naver.com | **원고투고** barunbooks21@naver.com
홈페이지 www.barunbooks.com | **공식 블로그** blog.naver.com/barunbooks7
공식 포스트 post.naver.com/barunbooks7 | **페이스북** facebook.com/barunbooks7

ⓒ 홍대원, 2025
ISBN 979-11-7263-598-5 03810

•파본이나 잘못된 책은 구입하신 곳에서 교환해드립니다.
•이 책은 저작권법에 따라 보호를 받는 저작물이므로 무단전재 및 복제를 금지하며,
이 책 내용의 전부 및 일부를 이용하려면 반드시 저작권자와 도서출판 바른북스의 서면동의를 받아야 합니다.